makaranta - ysgol	2
bulaguro - teithio	5
abin hawa - cludiant	8
birni - dinas	10
fadin kasa - tirwedd	14
gidan abinci - bwyty	17
babban kanti - archfarchnad	20
kayan sha - diodydd	22
abinci - bwyd	23
gona - fferm	27
gida - tŷ	31
falo - lolfa	33
kicin - cegin	35
dakin wanka - ystafell ymolchi	38
dakin yaro - ystafell plentyn	42
tufafi - dillad	44
ofis - swyddfa	49
tattalin arziki - economi	51
sana'o'i - swyddi	53
kayan aiki - offer	56
kayan kida - offerynnau cerdd	57
gidan namun daji - sŵ	59
wasanni - chwaraeon	62
harkoki - gweithgareddau	63
iyali - teulu	67
jiki - corff	68
asibiti - ysbyty	72
na gaggawa - argyfwng	76
Kasa - y Ddaear	77
agogo - cloc	79
mako - wythnos	80
shekara - blwyddyn	81
siffofi - siapiau	83
launuka - lliwiau	84
kishiyoyi - cyferbyniadau	85
lambobi - rhifau	88
yaruka - ieithoedd	90
wa / me / ya ya - pwy / beth / sut	91
ina - ble	92

Impressum
Verlag: BABADADA GmbH, Nedderfeld 112 , 22529 Hamburg
Geschäftsführer / Verlagsleitung: Harald Hof
Druck: Books on Demand GmbH, In de Tarpen 42, 22848 Norderstedt

Imprint
Publisher: BABADADA GmbH, Nedderfeld 112 , 22529 Hamburg, Germany
Managing Director / Publishing direction: Harald Hof
Print: Books on Demand GmbH, In de Tarpen 42, 22848 Norderstedt, Germany

raba
rhannu

186/2

allo
bwrdd

aji
ystafell ddosbarth

filin makaranta
iard ysgol

malami
athro

takarda
papur

rubuta
ysgrifennu

alkalami
pen

babban teburi
desg

rula
pren mesur

littafi
llyfr

dalibi
disgybl

jakar makaranta

bag ysgol

gidan fensir

blwch penseli

fensir

pensil

abin fike fensir

peth rhoi min ar bensil

kilina

rwber

kwalin zane

pad arlunio

zane
llun

burushin fenti
brws paent

gwangwanin fenti
blwch paent

almakashi
siswrn

gam
glud

littafi aiki
llyfr ysgrifennu

aikin gida
gwaith cartref

12

lamba
rhif

2+2

kara
ychwanegu

5-2

debe
tynnu

2×2

yi sau
lluosi

kwakuleta
cyfrifo

A

wasika
llythyren

ABCDEFG HIJKLMN OPQRSTU VWXYZ

harafi
gwyddor

hello

kalma
gair

rubutu

testun

karanta

darllen

alli

sialc

darasi

gwers

rijista

cofrestr

jarabawa

arholiad

satifiket

tystysgrif

kayan makaranta

gwisg ysgol

ilimi

addysg

kundin ilimi

gwyddoniadur

jami'a

prifysgol

madubin kimiyya

microsgop

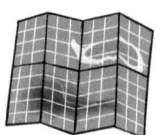

taswira

map

kwandon shara

basged papur gwastraff

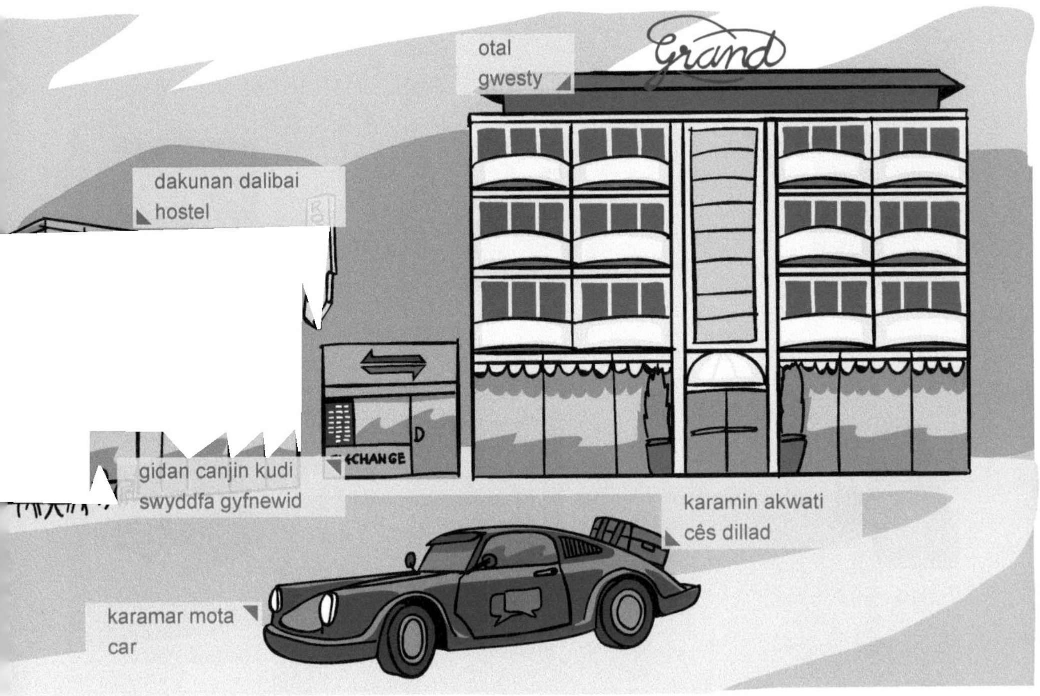
otal
gwesty
Grand
dakunan dalibai
hostel
EXCHANGE
gidan canjin kudi
swyddfa gyfnewid
karamin akwati
cês dillad
karamar mota
car

yare

iaith

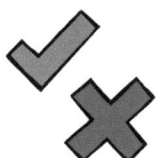

e/a'a

ie / na

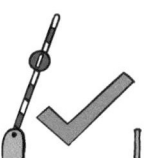

Ya yi

iawn

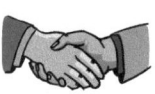

barka dai

helo

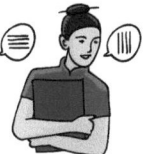

mai fassara

cyfieithydd

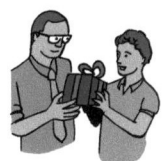

Na gode

Diolch yn fawr

nawa ne...?

faint yw ...?

ban gane ba

Dw i ddim yn deall

matsala

problem

Barka da yamma!

Noswaith dda!

Ina kwana!

Bore da!

barka da dare!

Nos da!

sai an jima

hwyl

alkibla

cyfarwyddyd

kaya

bagiau

jaka

bag

jakar goyawa

gwarbac

bako

gwestai

daki

ystafell

jakar barci

sach gysgu

tanti

pabell

bayanin dan yawon bude-ido
gwybodaeth i ymwelwyr

bakin ruwa
traeth

katin banki
cerdyn credyd

karin kumallo
brecwast

abincin rana
cinio

abincin dare
swper

tikiti
tocyn

daga
lifft

hatimi
stamp

iyaka
ffin

kudin fiton kaya
tollau

ofishin jakadanci
llysgenhadaeth

biza
fisa

fasfo
pasbort

cludiant

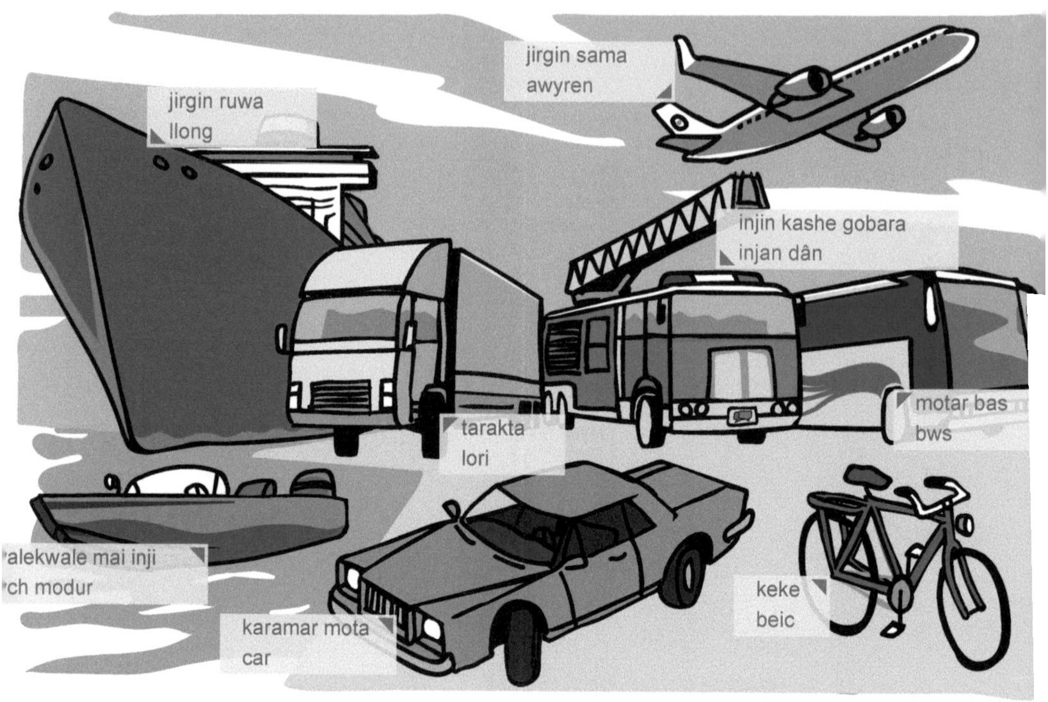
jirgin sama
awyren
jirgin ruwa
llong
injin kashe gobara
injan dân
motar bas
bws
tarakta
lori
'alekwale mai inji
'ch modur
karamar mota
car
keke
beic

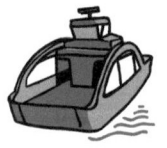

karamin jirgin ruwa

fferi

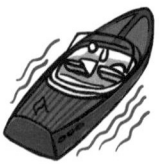

kwalekwale

cwch

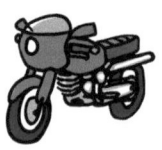

babur

beic modur

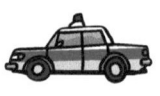

motar 'yansanda

car yr heddlu

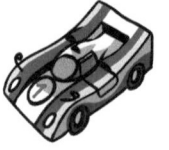

motar tsere

car rasio

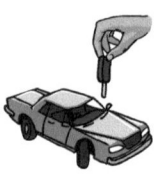

motar haya

car wedi'i rentu

tarayyar karamar mota

rhannu car

babbar mota da ta lalace

lori tynnu

motar shara

lori ysbwriel

mota

modur

mai

tanwydd

gidan mai

gorsaf betrol

alamar titi

arwydd traffig

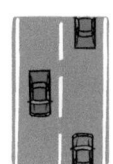

zirga-zirga

traffig

cunkoson ababen hawa

tagfa draffig

wurin ajiye mota

maes parcio

tashar jirgin kasa

gorsaf drennau

filin tsere

traciau

jirgin kasa

trên

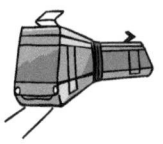

jirgin kasa mai kyabil

tram

keken doki

wagen

helikwafta

hofrennydd

filin jirgin sama

maes awyr

hasumiya

tŵr

fasinja

teithiwr

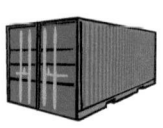

mazubi

cynhwysydd

kwali

paced

amalanke

cert

kwando

basged

tashi / sauka

esgyn / glanio

dinas

kauye

pentref

tsakiyar birni

canol y ddinas

gida

tŷ

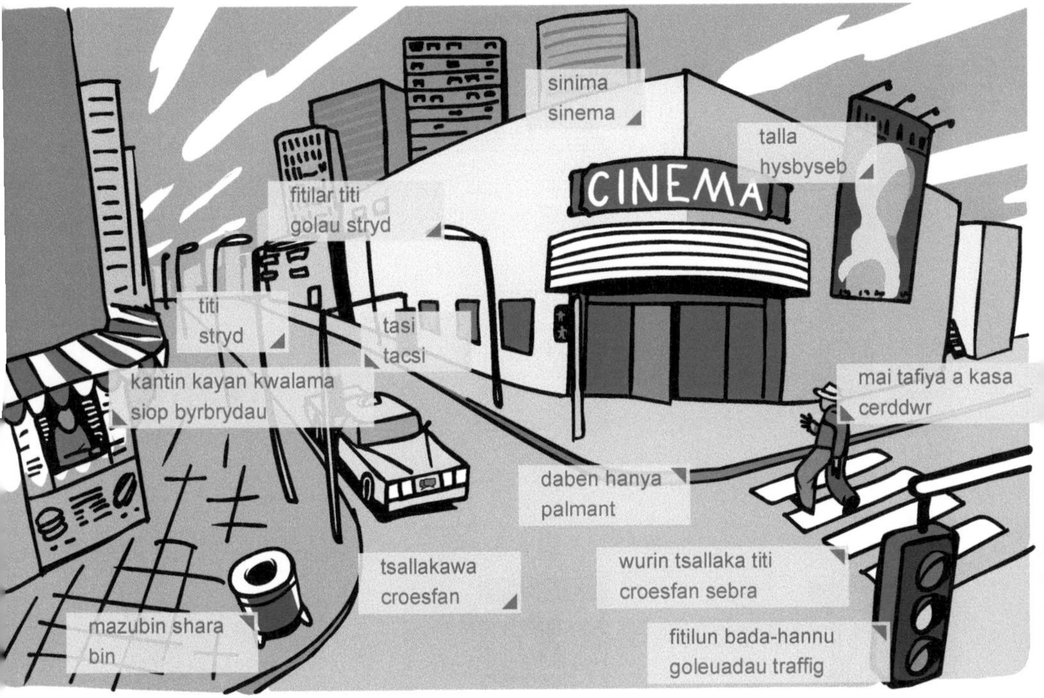

sinima
sinema

talla
hysbyseb

fitilar titi
golau stryd

CINEMA

titi
stryd

tasi
tacsi

kantin kayan kwalama
siop byrbrydau

mai tafiya a kasa
cerddwr

daben hanya
palmant

tsallakawa
croesfan

wurin tsallaka titi
croesfan sebra

mazubin shara
bin

fitilun bada-hannu
goleuadau traffig

bukka

cwt

shafaffe

fflat

tashar jirgin kasa

gorsaf drennau

dakin taro

neuadd y dref

gidan kayan tarihi

amgueddfa

makaranta

ysgol

jami'a

prifysgol

banki

banc

asibiti

ysbyty

otal

gwesty

kantin magani

fferyllfa

ofis

swyddfa

kantin littattafai

siop lyfrau

kanti

siop

mai sayar da furanni

siop flodau

babban kanti

archfarchnad

kasuwa

farchnad

kanti mai sassa

siop adrannol

shagon sayar da kifi

siop bysgod

wurin sayayya

canolfan siopa

matsayar jiragen ruwa

harbwr

ma'ajiyar motoci

parc

benci

banc

gada

pont

kafar bene

grisiau

karkashin kasa

rheilffordd danddaearol

ramin karkashin kasa

twnnel

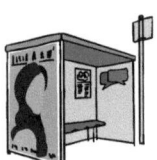

matsayar bas

safle bws

mashaya

bar

gidan abinci

bwyty

akwatin sakonni

blwch post

alamar titi

arwydd stryd

mitar ajiye motoci

mesurydd parcio

gidan namun daji

sŵ

kwamin iyo

pwll nofio

masallaci

mosg

gona
fferm

gurbata
llygredd

makabarta
mynwent

coci
eglwys

filin wasanni
maes chwarae

dakin bauta
teml

tirwedd

ganye
deilen

turken alama
arwydd cyfeirio

hanya
ffordd

makiyaya
dôl

dutse
carreg

bishiya
coeden

mai tattaki
heiciwr

korama
afon

ciyawa
glaswellt

fure
blodyn

kwazazzabo
cwm

tudu
bryn

tafki
llyn

daji
coedwig

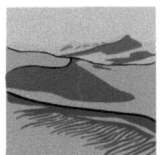

hamada
anialwch

amon dutse
llosgfynydd

fada
castell

bakan-gizo
enfys

malafar jaki
madarchen

bishiyar kwakwar manja
palmwydden

sauro
mosgito

kuda
pryf

tururuwa
morgrugyn

zuma
gwenyn

gizo
pryf copyn

burgunguma

chwilen

kwado

llyffant

kurege

gwiwer

bushiya

draenog

zomo

ysgyfarnog

mujiya

tylluan

tsuntsu

aderyn

agwagwar ruwa

alarch

aladen daji

baedd

namijin barewa

carw

kanki

elc

dam

argae

lantarki mai iska

tyrbin gwynt

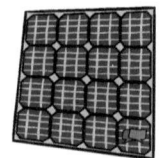

farantin hasken rana

panel haul

yanayi

hinsawdd

bwyty

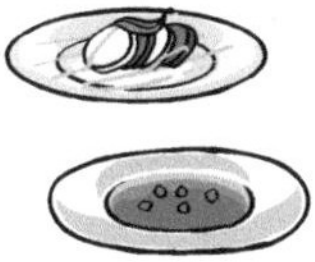

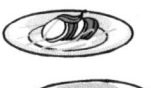

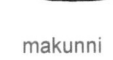

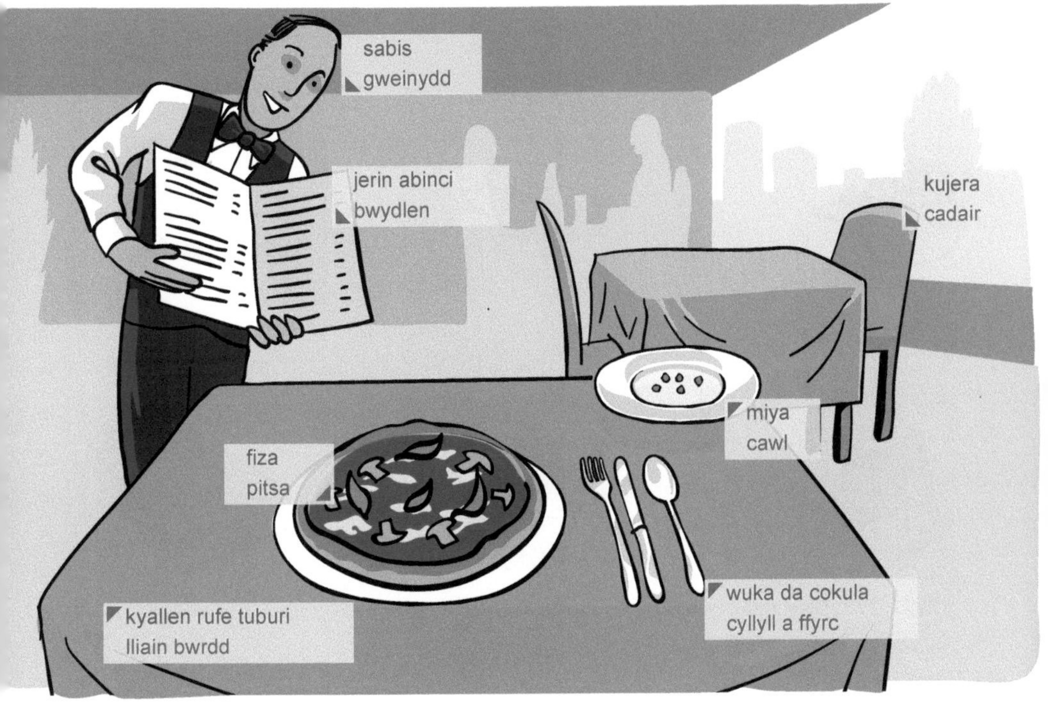
sabis
gweinydd
jerin abinci
bwydlen
kujera
cadair
miya
cawl
fiza
pitsa
wuka da cokula
cyllyll a ffyrc
kyallen rufe tuburi
lliain bwrdd

makunni

cwrs cyntaf

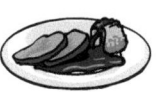

babban abinci

prif gwrs

kayan zaki

pwdin

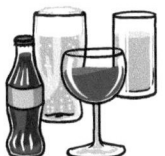

kayan sha

diodydd

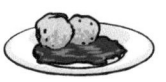

abinci

bwyd

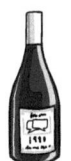

kwalba

potel

abincin tafi-da-gidanka

bwyd cyflym

abincin titi

bwyd y stryd

tukunyar shayi

tebot

kwanon sikari

powlen siwgr

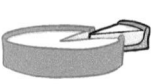

gutsire

dogn

injin hada kofi

peiriant espresso

kujera mai tudu

cadair plentyn

doka

bil

tire

hambwrdd

wuka

cyllell

cokali mai yatsu

fforc

cokali

llwy

cokalin shayi

llwy de

kyallen cin abinci

napcyn

gilashi

gwydr

faranti
....
plât

farantin miya
....
plât cawl

farantin kofi
....
soser

hadin dandano
....
saws

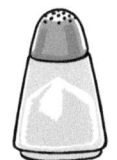

mazubin gishiri
....
pot halen

abin nikan yaji
....
melin bupur

lamurje
....
finegr

mai
....
olew

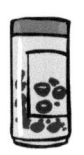

kayan dandano
....
sbeisys

miyar tumatir
....
saws coch

mustad
....
mwstard

mayonnaise
....
mayonnaise

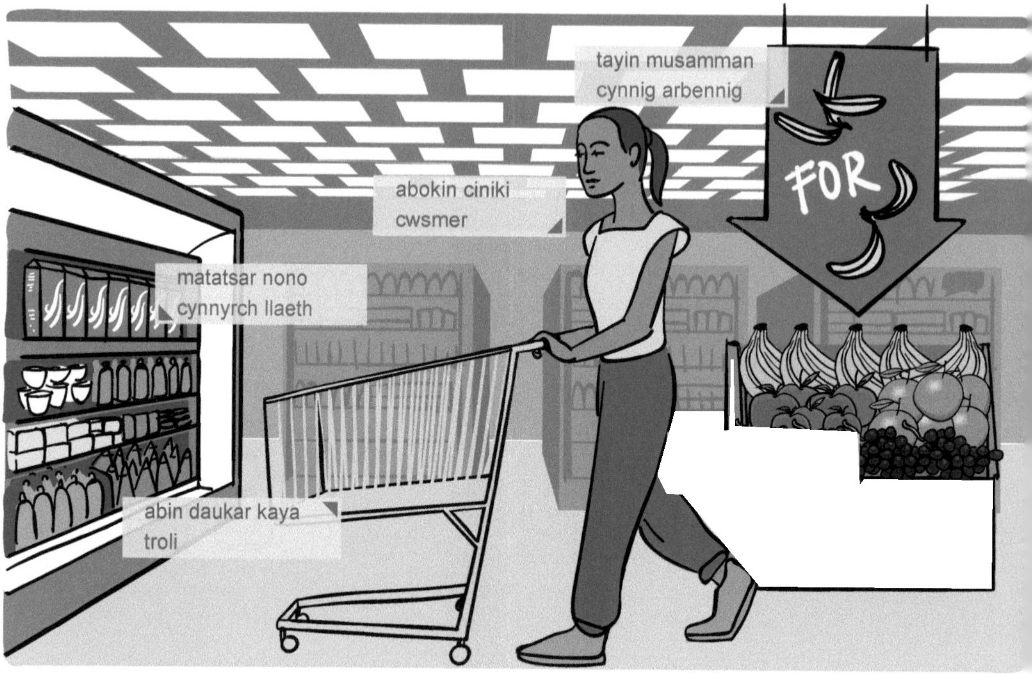

tayin musamman
cynnig arbennig
FOR
abokin ciniki
cwsmer
matatsar nono
cynnyrch llaeth
abin daukar kaya
troli

BUTCHERS

na mahauci

siop gig

BAKERY

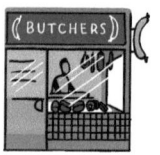

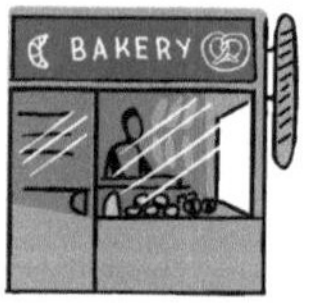

shagon mai burodi

siop fara

auna nauyi

pwyso

kayan lambu

llysiau

nama

cig

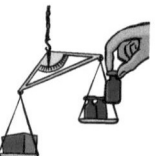

darkararren abinci

Bwyd wedi'i rewi

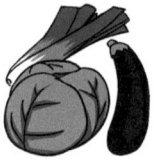

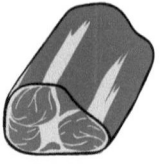

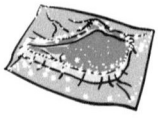

nama mai sanyi
....
cig oer

abincin gwangwani
....
bwyd tun

garin sabulun wanki
....
powdr golchi

alewa
....
da-da

kayan amfanin gida
....
cynnyrch cartref

kayan tsafta
....
cynhyrchion glanhau

mai sayarwa
....
gwerthwraig

haro
....
til

mai biyan kudi
....
ariannwr

jerin kayan sayayya
....
rhestr siopa

sa'o'in budewa
....
oriau agor

alabe
....
waled

katin banki
....
cerdyn credyd

jaka
....
bag

jakar roba
....
bag plastig

ruwa

dŵr

ruwan 'ya'yan itace

sudd

madara

llefrith

coke

côc

barasa

gwin

giya

cwrw

barasa

alcohol

koko

coco

shayi

te

kofi

coffi

bakin kofi

espresso

kofi mai madara

cappuccino

ayaba

ffrwchledd

tufa

afal

lemon zaki

oren

kankana

melon

lemon tsami

lemwn

karas

moronen

tafarnuwa

garlleg

gora

bambŵ

albasa

nionyn

kunnen-jaki

madarchen

dangin gyada

cnau

dangin taliya

nwdls

sufageti

sbageti

shinkafa

reis

man salak

salad

sala-sala

sglodion

soyayyen dankali

tatws wedi'u ffrïo

fiza

pitsa

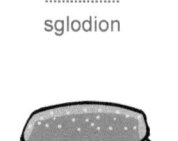

hambaga

hambyrger

sanwich

brechdan

kwan nama

cytled

naman alade

ham

salami

salami

kilishin turawa

selsig

kaza

cyw iâr

gashi

rhost

kifi

pysgodyn

kamun oats

ceirch uwd

muesli

miwsli

kwamfiles

creision ŷd

fulawa

blawd

fanke

croissant

yankan burodi

bynsen

burodi

bara

gashi

tost

biskit

bisgedi

bota

menyn

man shanu

ceuled

kek

teisen

kwai

wy

soyayyen kwai

wy wedi'i ffrïo

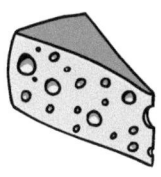

cuku

caws

askirim
....
hufen iâ

sikari
....
siwgr

zuma
....
mêl

jam
....
jam

cakuletin shafawa
....
siocled taenu

kori
....
cyri

gidan gona
ffermdy

damin karmami
bwrn gwellt

rumbu
ysgubor

fili
maes

doki
ceffyl

tirela
ôl-gerbyd

dan doki
ebol

tarakta
tractor

jaki
asyn

tumaki
dafad

dan tunkiya
oen

akuya

gafr

saniya

buwch

maraki

llo

alade

mochyn

dan alade

porchell

bajimi

tarw

dinya

gwydd

agwagwa

hwyaden

dan tsako

cyw

kaza

iâr

zakara

ceiliog

bera

llygoden fawr

kyanwa

cath

bera

llygoden

takarkari

ych

kare

ci

dakin kare

cwt ci

bututun lambu

pibell ddŵr

bokitin ban-ruwa

can dŵr

ashasha

pladur

garma

aradr

lauje
cryman

fartanya
fforch chwynu

cebur mai yatsu
picwarch

gatari
bwyell

wilbaro
berfa

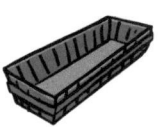

mazubin abincin dabbobi
cafn

gwangwanin madara
tun llefrith

buhu
sach

shinge
ffens

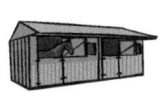

barga
stabl

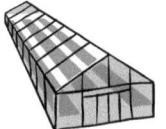

koren-gida
tŷ gwydr

rairai
pridd

iri
hedyn

taki
gwrtaith

injin girbi da sussuka
dyrnwr medi

girbe

cynaeafu

girbi

cynhaeaf

doya

iamau

alkama

gwenith

waken soya

soi

dankali

tysen

dawa

grawn

furen mai

had rêp

bishiyar kayan marmari

coeden ffrwythau

rogo

manioc

hatsi

grawnfwydydd

30   gona - fferm

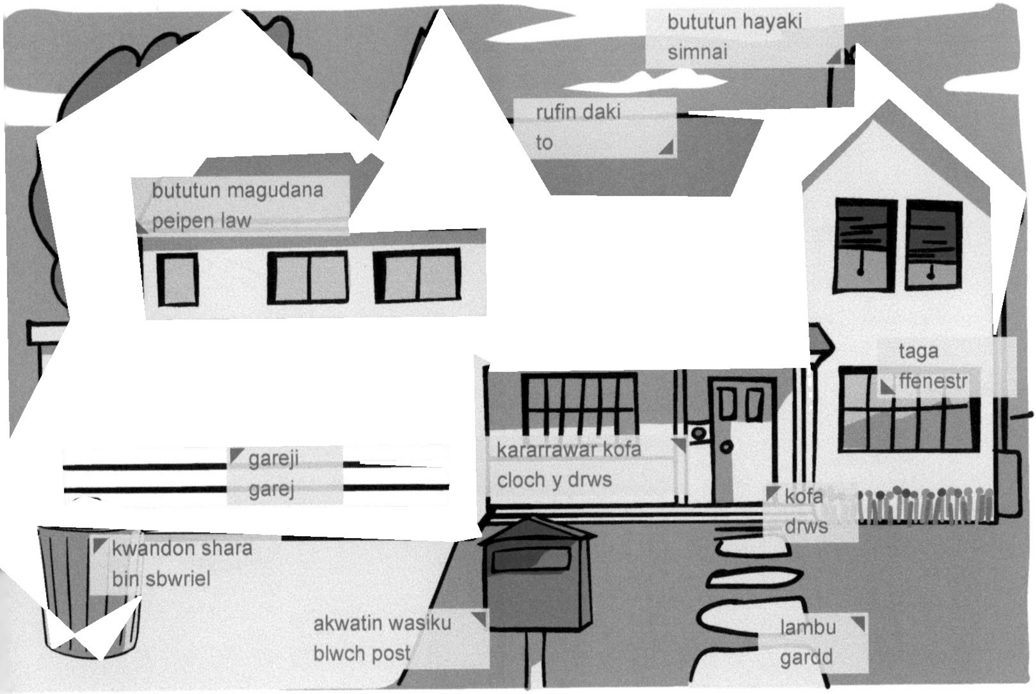

bututun hayaki
simnai

rufin daki
to

bututun magudana
peipen law

taga
ffenestr

gareji
garej

kararrawar kofa
cloch y drws

kofa
drws

kwandon shara
bin sbwriel

akwatin wasiku
blwch post

lambu
gardd

falo
lolfa

dakin wanka
ystafell ymolchi

kicin
cegin

dakin kwana
ystafell wely

dakin yaro
ystafell plentyn

dakin cin abinci
ystafell fwyta

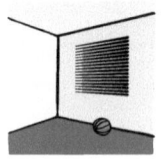

dabe
llawr

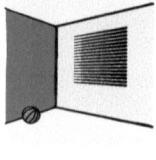

bango
wal

sili
nenfwd

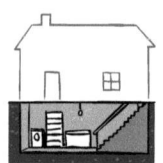

dakin karkashin kasa
seler

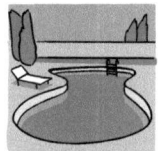

wurin wankan dumi
sawna

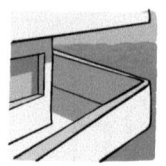

barandar bene
balconi

baranda
teras

gulbin ninkaya
pwll

injin yanke ciyawa
peiriant torri gwair

kwano
taflen

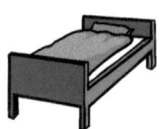

zanen gado
gorchudd gwely

gado
gwely

tsintsiya
ysgub

bokiti
bwced

makunni
swits

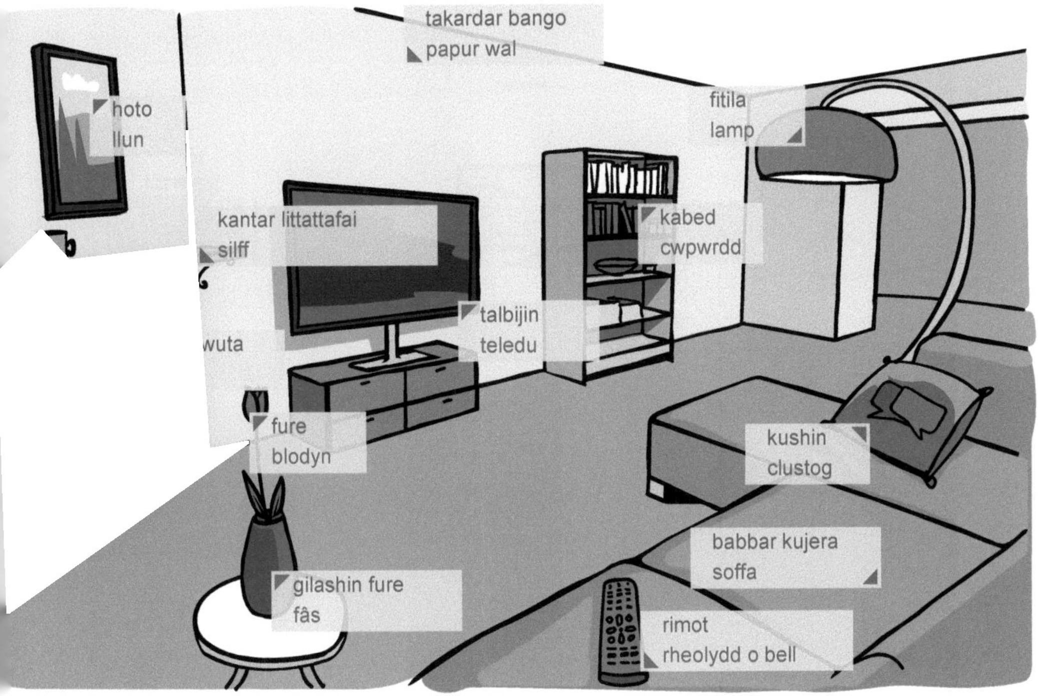

takardar bango
papur wal

fitila
lamp

hoto
llun

kantar littattafai
silff

kabed
cwpwrdd

talbijin
teledu

wuta

fure
blodyn

kushin
clustog

babbar kujera
soffa

gilashin fure
fâs

rimot
rheolydd o bell

darduma
....
carped

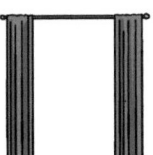

labule
....
llen

teburi
....
bwrdd

kujera
....
cadair

kujera mai shillo
....
cadair siglo

kujera mai hannu
....
cadair freichiau

littafi

llyfr

bargo

blanced

kwalliya

addurn

itacen girki

coed tân

fim

ffilm

kayan hi-fi

hi-fi

makulli

agoriad

jarida

papur newydd

zanen fenti

darlun

fasta

poster

rediyo

radio

takardar rubutu

llyfr nodiadau

na'urar share darduma

hwfer

murtsunguwa

cactws

kyandir

cannwyll

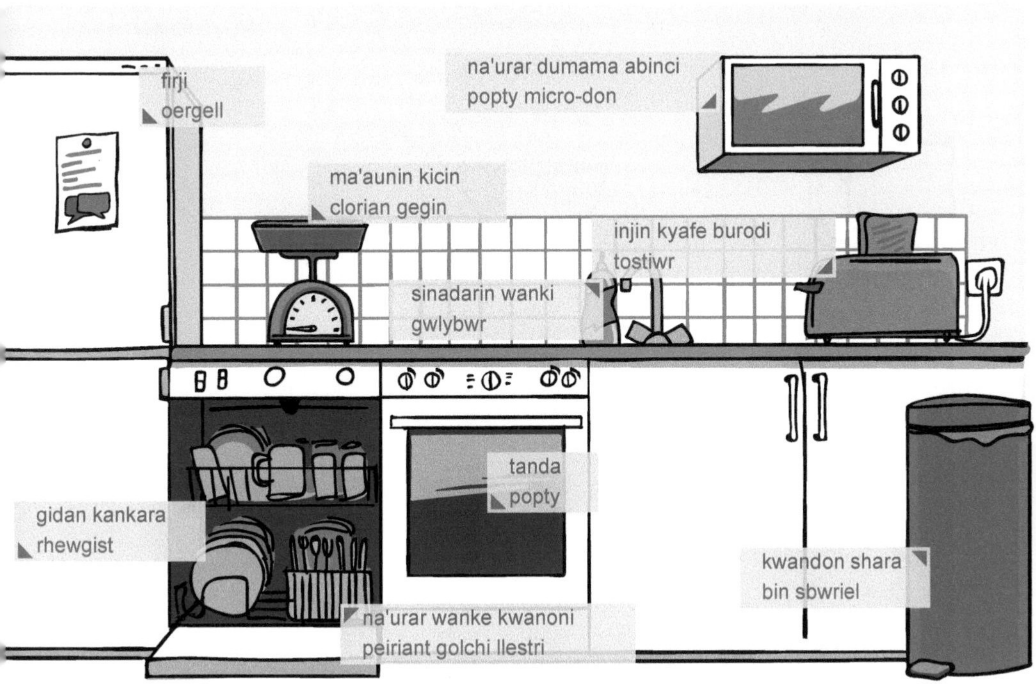

na'urar dumama abinci
popty micro-don

firji
oergell

ma'aunin kicin
clorian gegin

injin kyafe burodi
tostiwr

sinadarin wanki
gwlybwr

tanda
popty

gidan kankara
rhewgist

kwandon shara
bin sbwriel

na'urar wanke kwanoni
peiriant golchi llestri

cooker

popty

tukunya

pot

tukunyar alminiyum

pot haearn bwrw

kwanon suya

wok / kadai

kwanan suya

padell

buta

tegell

tukunyar dumi

sosban stemio

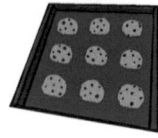

kwanan gashi

hambwrdd pobi

kayan tangaran

llestri

tambulan

mwg

kwano

powlen

tsinkayen cin abinci

gweill bwyta

ludayi

lletwad

ludayin suya

ysbodol

makadin kwai

chwisg

rariya

hidlydd

mataci

gogr

na'urar nika

gratiwr

turmi

morter

balangu

barbeciw

wutar sarari

tân agored

katakon yanke-yanke

bwrdd torri cig

katakon murji

rholbren

mabudin kwalba

tynnwr corcyn

gwangwani

tun

mabudin gwangwani

peth agor tuniau

hannun tukunya

clwt pot

wurin wanke-wanke

sinc

burushi

brws

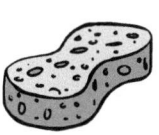

soso

sbwng

bilenda

peiriant cymysgu

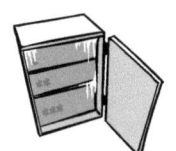

babban gidan kankara

rhewgell

bulumboti

potel babi

famfo

tap

ystafell ymolchi

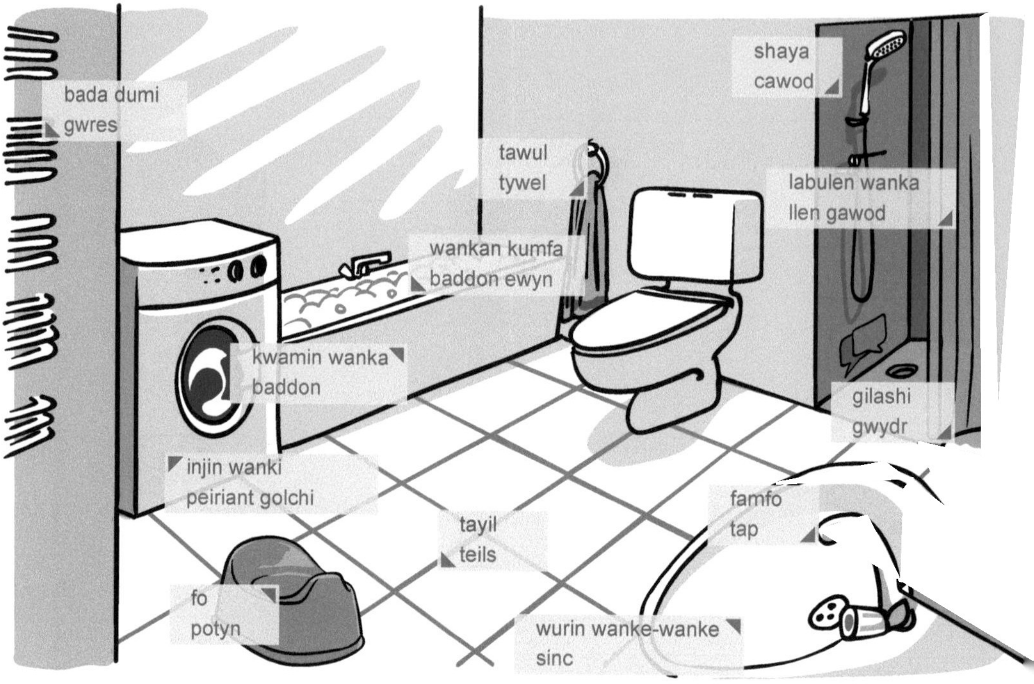
bada dumi
gwres
shaya
cawod
tawul
tywel
labulen wanka
llen gawod
wankan kumfa
baddon ewyn
kwamin wanka
baddon
gilashi
gwydr
injin wanki
peiriant golchi
famfo
tap
tayil
teils
fo
potyn
wurin wanke-wanke
sinc

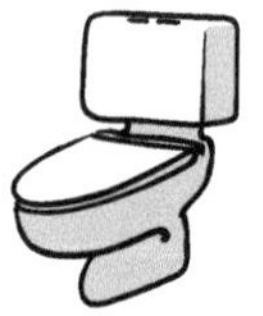

bandaki
tŷ bach

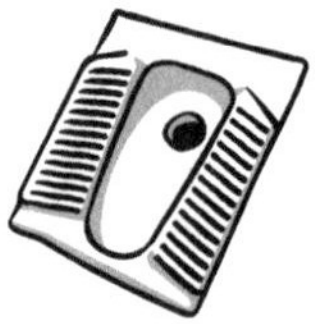

bandakin tsuguno
toiled cyrcydu

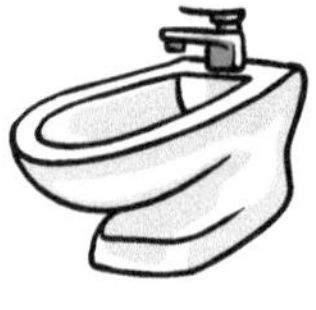

kwamin tsarki
bidet

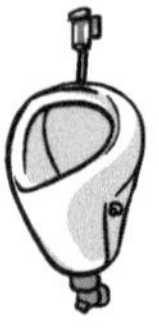

wurin fitsari
troethfa

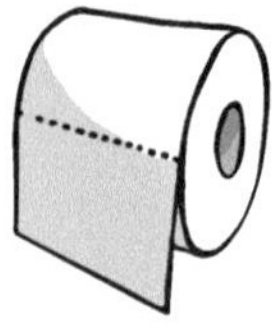

takardar bandaki
papur tŷ bach

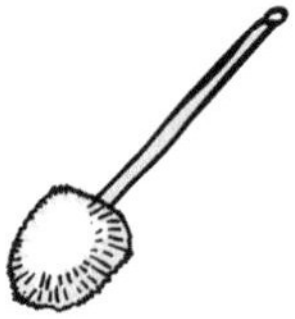

burushin bandaki
brws tŷ bach

burushin hakori

brws dannedd

man hakori

past dannedd

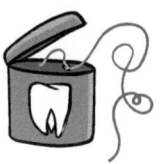

zaren sakace

edau ddannedd

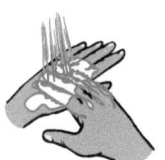

wanke

golchi

shayar hannu

cawod llaw

wankin farji

golchfa

kwamin wanke hannu

basn

burushin wanke baya

brws-ôl

sabulu

sebon

ruwan sabulun wanka

gel cawod

man gyaran gashi

siampŵ

tsumman wanka

gwlanen

lambatu

ffos

kirim

hufen

turaren kamshi

diaroglydd

madubi

drych

madubin hannu

drych llaw

reza

rasel

man yaran fuska

ewyn eillio

man aski

sent eillio

mataji

crib

burushi

brws

na'urar busar da gashi

sychwr gwallt

man gashi

chwistrell gwallt

kwalliya

colur

jan-baki

minlliw

man farce

farnais ewinedd

audugar goge kunne

gwlân cotwm

almakashin yankan farce

siswrn ewinedd

turare

persawr

dakin wanka - ystafell ymolchi

jakar wanka

bag ymolchi

bahaya

stôl

ma'aunin nauyi

clorian

rigar wanka

gŵn baddon

safar roba

menig rwber

audugar haila

tampon

audugar mata

tywel misglwyf

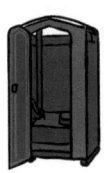

bandakin tafi-da-gidanka

toiled cemegol

ystafell plentyn

agogo mai kararrawa
cloc larwm
yartsanar tsumma
tegan anwes
motar wasan yara
car tegan
kara
cleciwr
gidan 'yartsana
tŷ dol
kyauta
anrheg

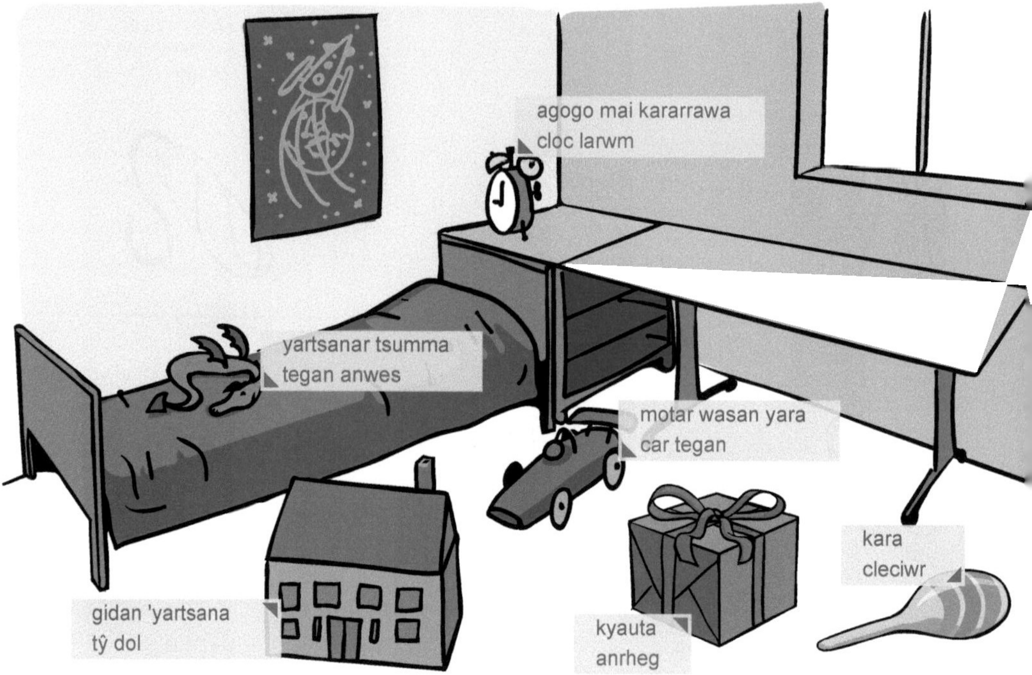

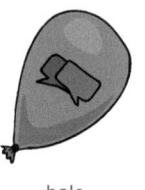

balo

balŵn

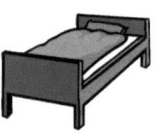

gado

gwely

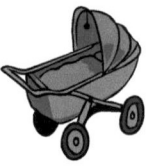

keken jarirai

pram

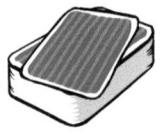

benen kwalaye

pecyn o gardiau

wasa kwakwalwa

jig-so

SUPER
MEGA

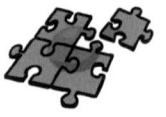

ban dariya

comic

tubalan roba

brics Lego

tubalan gini

blociau adeiladu

mutum-mai-aiki

ffigur gweithredu

rigar jariri

babygro

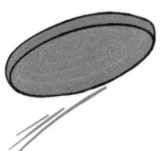

Dokin iska

ffrisbi

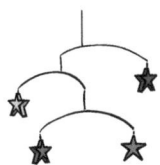

tafi-da-gidanka

ffôn symudol

wasan dara

gêm fwrdd

dan ludo

deis

zubin kwatancin jirgin kasa

set model trên

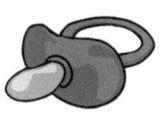

mutum-mutumi

teth lwgu

walima

parti

littafi mai hotuna

llyfr lluniau

kwallo

pêl

yartsana

dol

yi wasa

chwarae

akwatin yashi

pwll tywod

lilo

swing

kayan wasan yara

teganau

allon wasannin bidiyo

consol gemau fideo

babur mai taya uku

beic tair olwyn

yartsanar tsumma

tedi

wadirob

cwpwrdd dillad

dillad

safa

hosanau

sitokins

hosanau

matse-jiki

teits

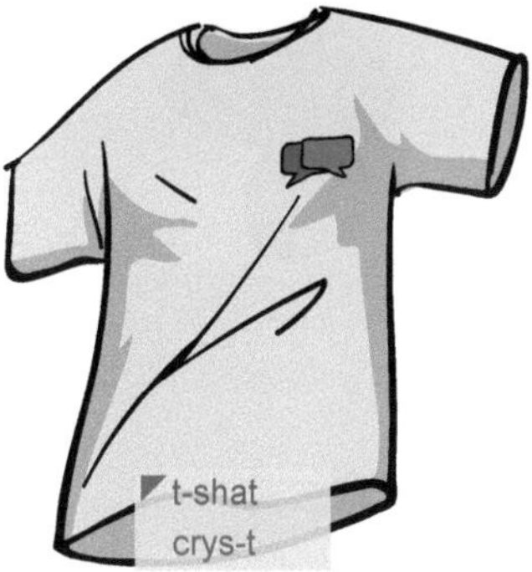

adiko
sgarff

belet
gwregys

lema
ymbarél

t-shat
crys-t

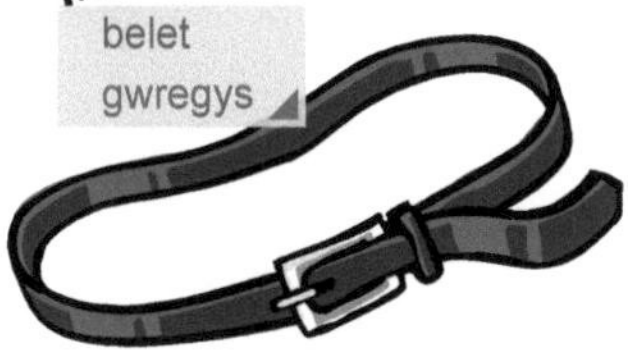

takalman wasa
esidiau ymarfer

takalman aiki
esgidiau

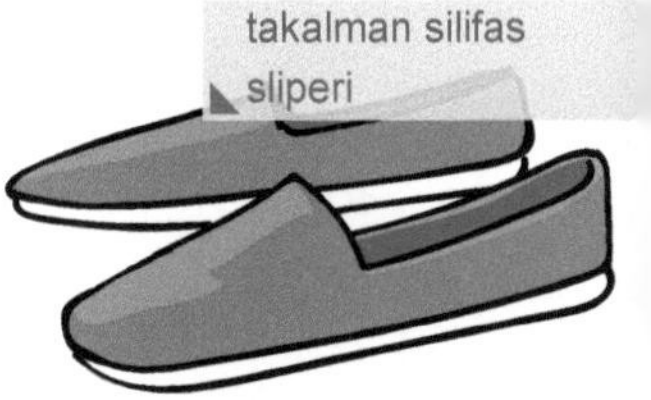

takalman silifas
sliperi

takalman sandal
....
sandalau

takalma
....
esgidiau

takalman roba
....
esgidiau rwber

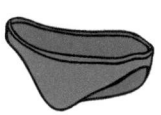
kamfai
....
trôns

rigar nono
....
bra

falmaran
....
fest

jiki
....
corff

wando
....
trowsus

jeans
....
jîns

dantofi
....
sgert

rigar mata
....
blows

karamar riga
....
crys

riga mai hula
....
pwlofer

hular riga
....
hwdi

bileza
....
blaser

jaket
....
siaced

kwat
....
côt

rigar ruwa
....
côt law

kayan yayi
....
gwisg

kayan sawa
....
gŵn

rigar aure
....
gwisg briodas

kwat da wando
siwt

rigar dare
gŵn nos

kayan barci
pyjamas

sari
sari

dankwali
sgarff pen

rawani
tyrban

hijabi
bwrca

kaftani
cafftan

abaya
abaya

rigar iyo
gwisg nofio

wandon wasa
trowsus nofio

gajeran wando
siorts

kayan wasanni
tracwisg

kyallen aiki
ffedog

safar hannu
menig

maballi

botwm

tabarau

sbectol

awarwaro

breichled

tsakiya

cadwyn

zobe

modrwy

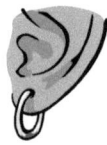

dan kunne

clustdlws

hula

cap

maratayin kwat

cambren

malafa

het

lakataya

tei

zi

sip

hular kwano

helmed

masu daidaita hakori

fframiau danedd

kayan makaranta

gwisg ysgol

yunifom

gwisg

kyallen cin abincin jariri

bib

mutum-mutumi

teth lwgu

kunzugu

cewyn

saba
gweinydd

kabed din fayiloli
cwrpwrdd ffeilio

na'urar dab'i
argraffydd

takarda
papur

fuskar kwamfuta
monitor

mouse
llygoden

allon madannai
bysellfwrdd

kwandon shara
basged papur gwastraff

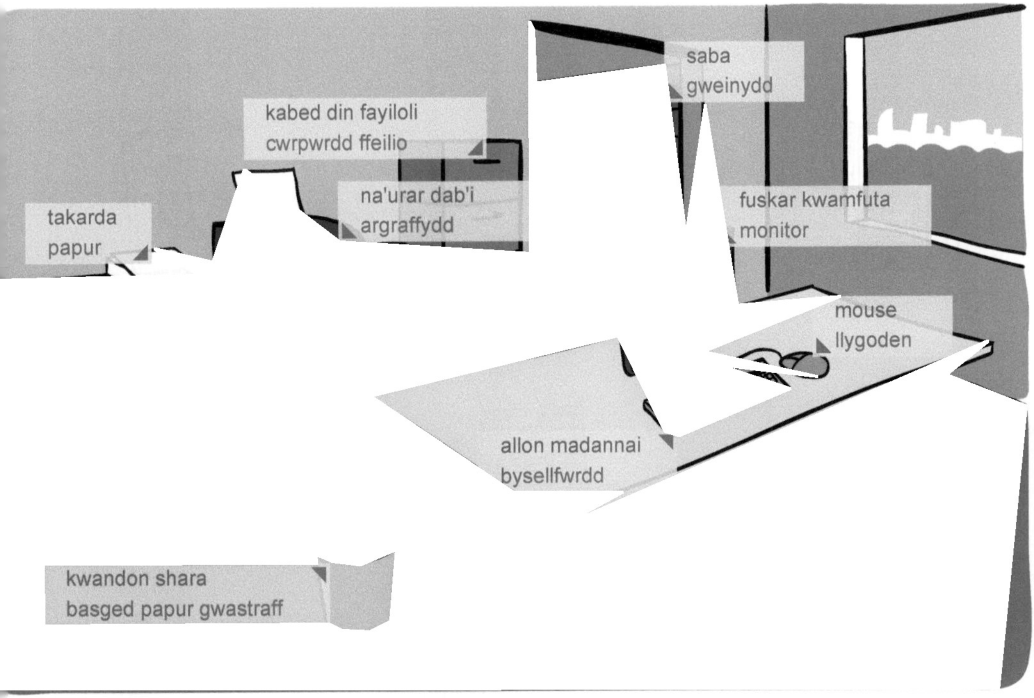

tambulan kofi

mwg coffi

kwakuleta

cyfrifiannell

intanet

rhyngrwyd

laptop

gliniadur

wasika

llythyr

sako

neges

tafi-da-gidanka

ffôn symudol

sadarwa

rhwydwaith

na'urar hoton takarda

llungopïwr

kwakwalwar kwamfuta

meddalwedd

tarho

teleffon

jona soket

soced plwg

na'urar faks

peiriant ffacs

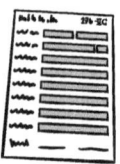

fom

ffurflen

daftari

dogfen

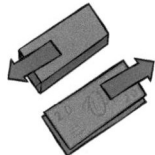

sayi

prynu

biya

talu

yi ciniki

masnachu

kudi

arian

dala

doler

euro

ewro

yen

yen

robul

rwbl

franc na Swiss

ffranc y Swistir

renminbi yuan

yuan renminbi

rupee

rwpi

injin bada kudi

peiriant arian

gidan canjin kudi

swyddfa gyfnewid

zinare

aur

azurfa

arian

mai

olew

makamashi

ynni

farashi

pris

matuntuba

contract

haraji

treth

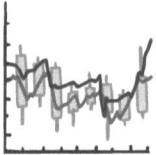

kaya

stoc

yi aiki

gweithio

ma'aikaci

cyflogai

mai daukar ma'aikata

cyflogwr

masana'anta

ffatri

kanti

siop

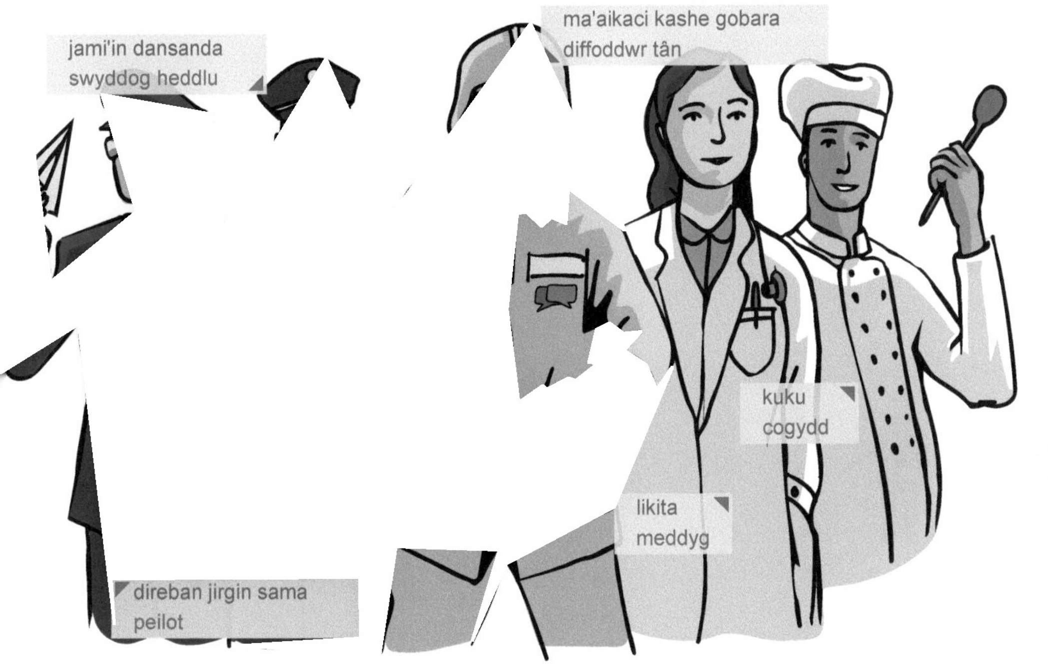

jami'in dansanda
swyddog heddlu

ma'aikaci kashe gobara
diffoddwr tân

kuku
cogydd

likita
meddyg

direban jirgin sama
peilot

mai aikin lambu

garddwr

kafinta

saer

mace mai dinki

gwniadwraig

alkali

barnwr

mai hada magunguna

fferyllydd

jarumi

actor

direban bas

gyrrwr bws

direban tasi

gyrrwr tacsi

masunci

pysgotwr

mace mai shara

glanhawraig

mai aikin rufi

töwr

sabis

gweinydd

mafarauci

heliwr

mai fenti

paentiwr

mai yin burodi

pobydd

mai gyaran lantarki

trydanwr

magini

adeiladwr

injiniya

peiriannydd

mahauci

cigydd

mai gyaran famfo

plymiwr

mai raba wasiku

dyn y post

soja

milwr

mai zayyanar gidaje

pensaer

mai biyan kudi

ariannwr

mai sayar da furanni

gwerthwr blodau

mai gyaran gashi

triniwr gwallt

mai kida

archwiliwr tocynnau rheilffordd

bakanike

mecanydd

kyaftin

capten

likitan hakori

deintydd

masanin kimiyya

gwyddonydd

limamin yahudu

rabi

liman

imam

mai ibadar kirista

mynach

malamin addini

clerigwr

offer

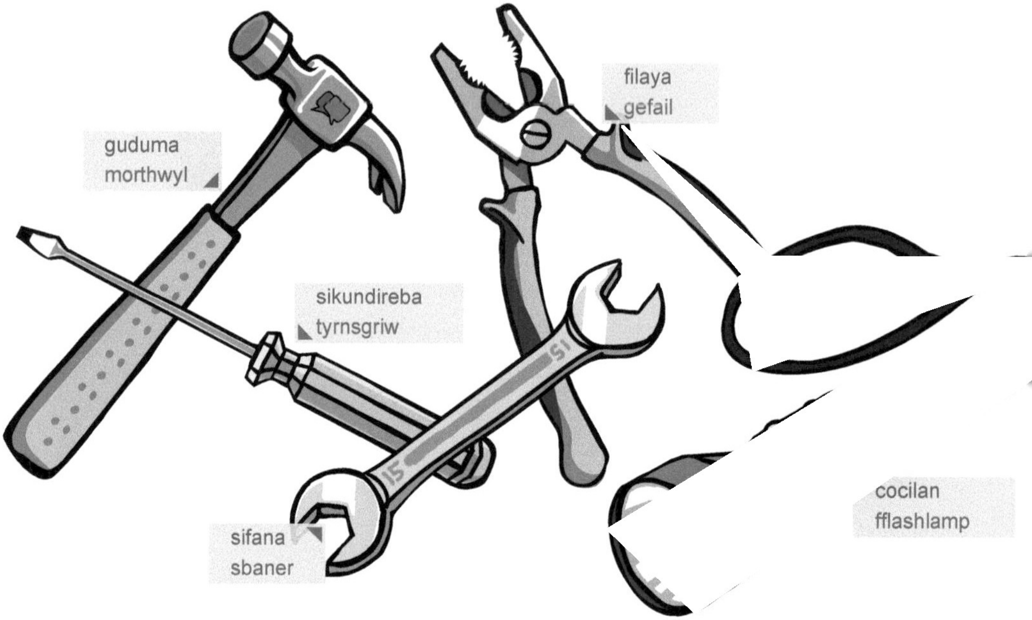
filaya
gefail
guduma
morthwyl
sikundireba
tyrnsgriw
sifana
sbaner
cocilan
fflashlamp

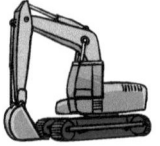

diga

turiwr

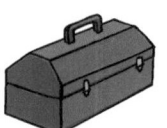

akwatin kayan aiki

blwch offer

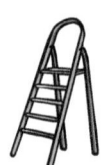

tsani

ysgol

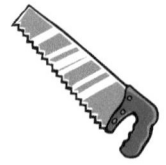

zarto

llif

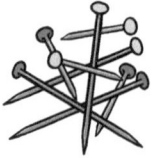

kusoshi

hoelion

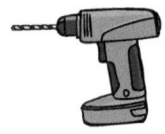

abin hudawa

dril

gyara
trwsio

chebur
rhaw

Tafdi!
Daria!

makwashin shara
rhaw lwch

tukunyar fenti
pot paent

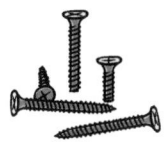

kusoshi masu barima
sgriwiau

offerynnau cerdd

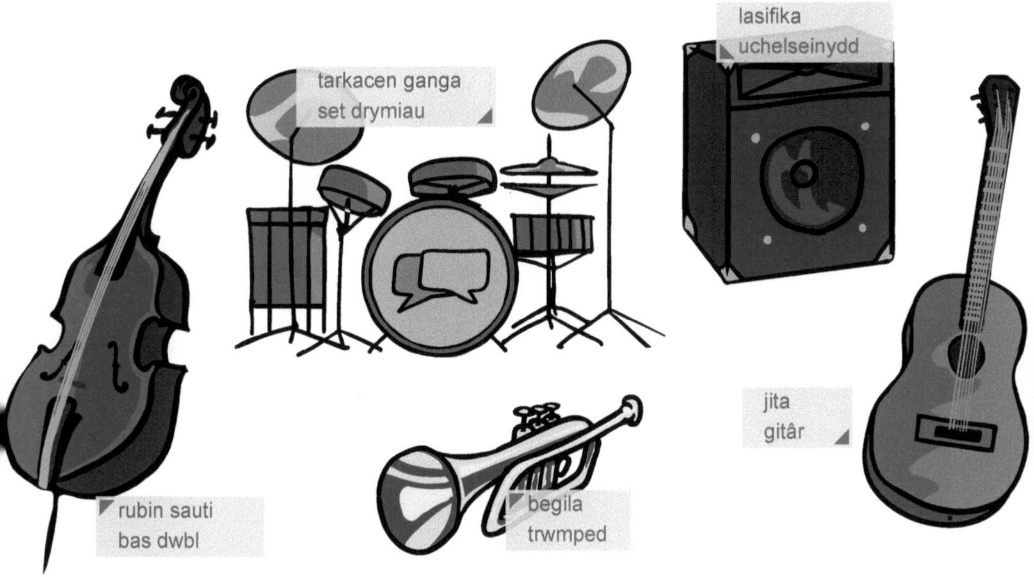

lasifika
uchelseinydd

tarkacen ganga
set drymiau

jita
gitâr

rubin sauti
bas dwbl

begila
trwmped

fiyano

piano

goge

ffidil

karamin sauti

bas

gangunan timpani

timpani

ganguna

drymiau

masarrafin fiyano

cyweirfwrdd

saxophone

sacsoffon

sarewa

ffliwt

makirfo

meicroffon

keji
cawell

jakin dawa
sebra

abincin dabbobi
bwyd anifeiliaid

mashigi
mynediad

panda
panda

dabbobi
....
anifeiliaid

giwa
....
eliffant

babba-da-jaka
....
cangarŵ

karkanda
....
rhinoseros

goggon biri
....
gorila

dabbar bear
....
arth

rakumi

camel

jimina

estrys

zaki

llew

biri

mwnci

dinya

fflamingo

aku

parot

bear ta yankin kankara

arth wen

penguin

pengwin

kifin shark

siarc

dawisu

paun

maciji

neidr

kada

crocodeil

mai tsaro zu

gofalwr sŵ

seal

morlo

damisar jaguar

jagwar

dukushi

merlyn

damisar leopard

llewpard

mugun dawa

hipo

rakumin dawa

jiráff

mikiya

eryr

aladen daji

baedd

kifi

pysgodyn

kunkuru

crwban

walrus

walrws

dila

llwynog

barewa

gafrewig

kwallon kafar Amurka
pêl-droed America

tseren keke
beicio

wasan tennis
tennis

kwallon kwando
pêl-fasged

ninkaya
nofio

dambe
bocsio

kwallon gora na cikin kan
hoci iâ

kwallon kafa

pêl-droed

badiminton

badminton

wasannin motsa jiki

athletau

kwallon hannu

pêl-law

wasan kan kankara

sgïo

kwallon dawaki

polo

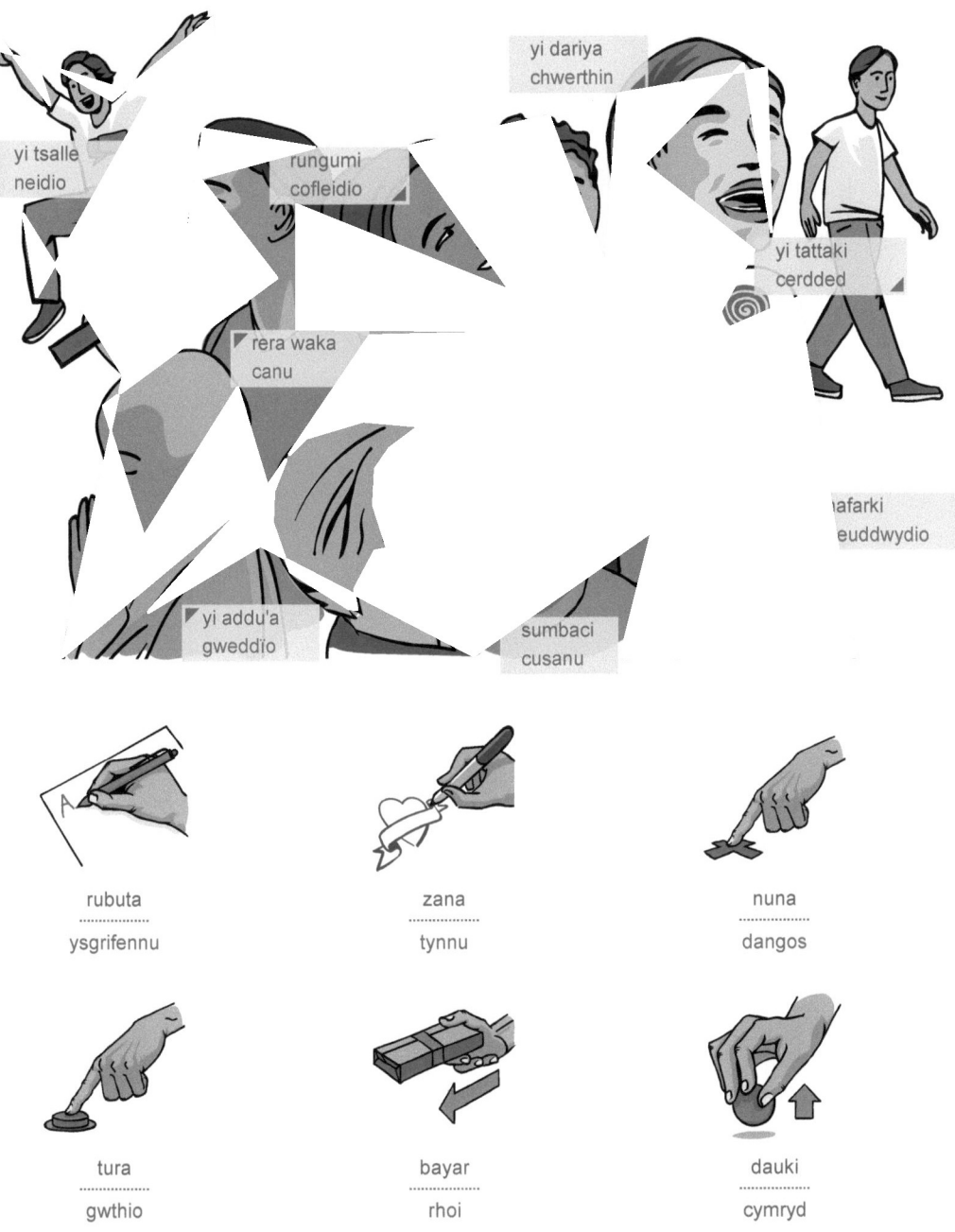

yi dariya
chwerthin

yi tsalle
neidio

rungumi
cofleidio

yi tattaki
cerdded

rera waka
canu

afarki
euddwydio

yi addu'a
gweddïo

sumbaci
cusanu

rubuta
ysgrifennu

zana
tynnu

nuna
dangos

tura
gwthio

bayar
rhoi

dauki
cymryd

sami

bod gan

yi

gwneud

kasance

bod

tsaya

sefyll

gudu

rhedeg

jawo

tynnu

jefa

taflu

faduwa

disgyn

yi karya

gorwedd

jira

aros

dauki

cario

zauna

eistedd

sanya tufafi

gwisgo amdanoch

yi barci

cysgu

farka

deffro

kalli

edrych ar

kuka

crïo

bugi

anwesu

taje

cribo

yi magana

siarad

fahimci

deall

tambayi

gofyn

saurari

gwrando

sha

yfed

ci

bwyta

tattare

tacluso

yi soyayya

caru

dafa

coginio

yi tuki

gyrru

tashi

hedfan

tafi a kwalekwale

hwylio

kwakuleta

cyfrifo

karanta

darllen

koyi

dysgu

yi aiki

gweithio

yi aure

priodi

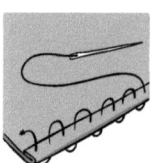

dinka

gwnïo

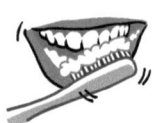

goge hakora

brwsio dannedd

kashe

lladd

busa taba

ysmygu

aika

anfon

kaka mace
nain

kaka namiji
taid

uba
tad

uwa
mam

jariri
baban

ya
merch

da
mab

bako
gwestai

gwaggo
modryb

kawu
ewythr

dan'uwa
brawd

yar'uwa
chwaer

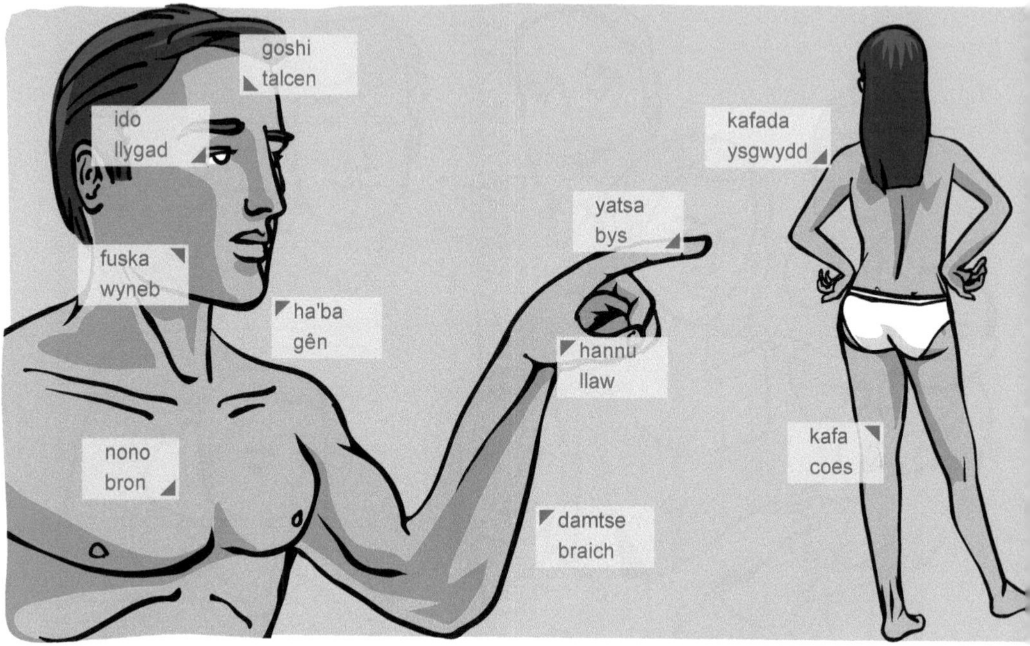

goshi
talcen

ido
llygad

fuska
wyneb

ha'ba
gên

nono
bron

kafada
ysgwydd

yatsa
bys

hannu
llaw

kafa
coes

damtse
braich

jariri

baban

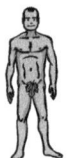

mutum

dyn

mace

gwraig

yarinya

geneth

yaro

bachgen

kai

pen

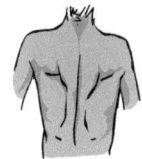

baya
....
cefn

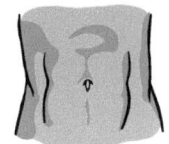

tulun ciki
....
bel

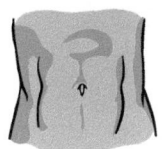

maballin ciki
....
bogail

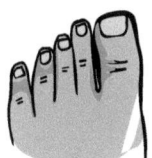

yatsan kafa
....
bys troed

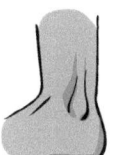

dudduge
....
sawdl

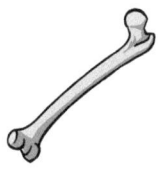

kashi
....
asgwrn

kugu
....
clun

guiwa
....
pen-glin

guiwar hannu
....
penelin

hanci
....
trwyn

kasa
....
pen ôl

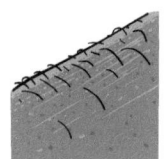

fata
....
croen

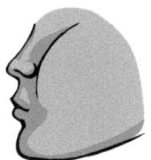

kumatu
....
boch

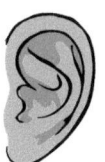

kunne
....
clust

lebe
....
gwefus

wata

ceg

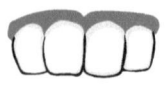

hakori

dant

harshe

tafod

kwakwalwa

ymennydd

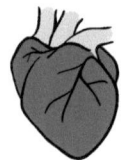

zuciya

calon

kwanji

cyhyr

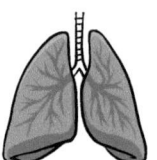

huhu

ysgyfaint

hanta

iau

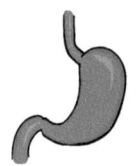

ciki

stumog

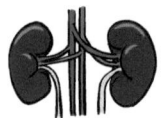

koda

arennau

jima'i

rhyw

kwaroron roba

condom

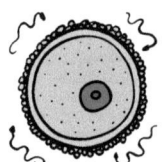

kwan mahaifa

ofwm

maniyyi

semen

juna-biyu

beichiogrwydd

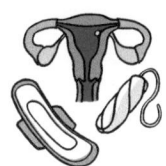

haila
mislif

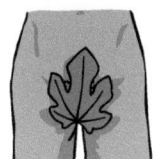

farji
fagina

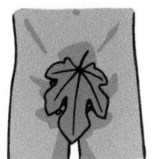

zakari
pidyn

gira
ael

gashi
gwallt

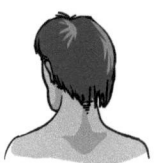

wuya
gwddf

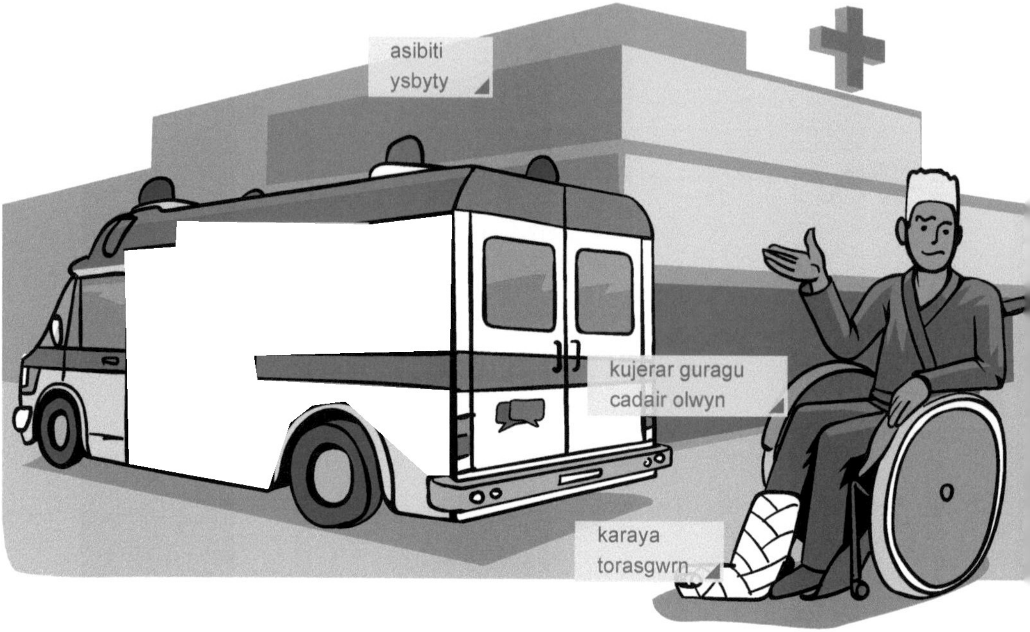

asibiti
ysbyty

kujerar guragu
cadair olwyn

karaya
torasgwrn

likita
meddyg

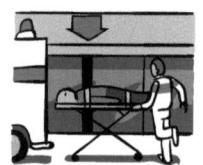

dakin kulawar gaggawa
ystafell argyfwng

ma'aikaciyar jinya
nyrs

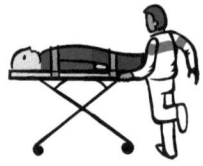

na gaggawa
argyfwng

magashiyyan
anymwybodol

radadi
poen

rauni
anaf

zubar jini
gwaedu

bugun zuciya
trawiad ar y galon

bugun jini
strôc

kyan-jiki
alergedd

tari
peswch

zazzabi
twymyn

mura
ffliw

gudawa
dolur rhydd

ciwon kai
cur pen

cutar sankara
canser

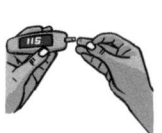

ciwon suga
diabetes

likitan tiyata
llawfeddyg

wukar likita
fflaim

tiyata
gweithrediad

CT

CT

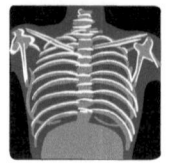

hoton kirji

pelydr-x

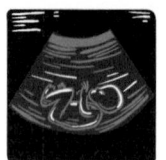

hoton ciki

uwchsain

marufin fuska

mwgwd wyneb

cuta

clefyd

dakin jira

ystafell aros

madogari

bagl

filasta

plastr

bandeji

rhwymyn

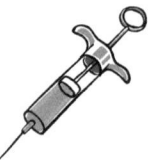

allura

pigiad

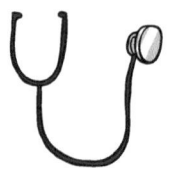

na'urar awon zuciya

stethosgop

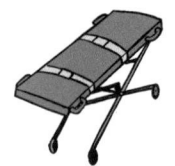

gadon daukar marar lafiya

elorwely

na'urar auna zafin jiki

thermomedr clinigol

haihuwa

genedigaeth

yawan nauyi

dros bwysau

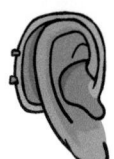

abin kara ji

cymorth clyw

sinadarin kashe kwayoyin cuta

diheintydd

kamuwar cuta

haint

kwayar cuta

firws

Cutar Kanjamau

HIV / AIDS

magani

meddygaeth

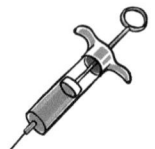

riga-kafi

brechiad

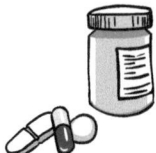

kwayoyin magani

tabledi

magani

y bilsen

kiran gaggawa

galwad frys

ma'aunin hawan jini

monitor pwysau gwaed

cuta / lafiya

yn sâl / yn iach

Taimako!

Help!

kararrawa

larwm

farmaki

ymosodiad

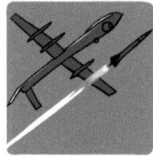

hari

ymosodiad

hatsari

perygl

kofar ko-takwana

allanfa argyfwng

Wuta!

Tân!

abin kashe wuta

diffoddwr tân

hadari

damwain

kayan taimakon gaggawa

pecyn cymorth cyntaf

Neman taimako

SOS

dansanda

heddlu

Turai

Ewrop

Amurka ta Arewa

Gogledd America

Amurka ta Kudu

De America

Afirka

Affrica

Asiya

Asia

Australia

Awstralia

Atlantika

Iwerydd

Pacific

y Môr Tawel

Tekun Indiya

Cefnfor yr India

Tekun Antatika

Cefnfor yr Antarctig

Tekun Arctic

Cefnfor yr Arctig

Barin duniya na Arewa

Pegwn y Gogledd

Barin duniya na Kudu

Pegwn y De

Antatika

Antarctica

Kasa

y Ddaear

tsandauri

tir

kogi

môr

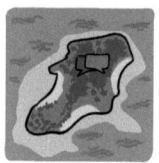

tsibiri

ynys

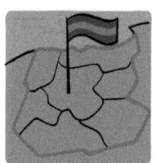

kasa

cenedl

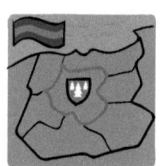

jiha

gwladwriaeth

fuskar agogo

wyneb cloc

hannun awa

bys awr

hannun mintuna

bys munud

hannun dakika

bys eiliad

Karfe nawa yanzu?

Faint o'r gloch yw hi?

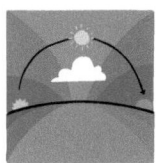

rana

dydd

lokaci

amser

yanzu

yn awr

agogon dijita

cloc digidol

minti

munud

awa

awr

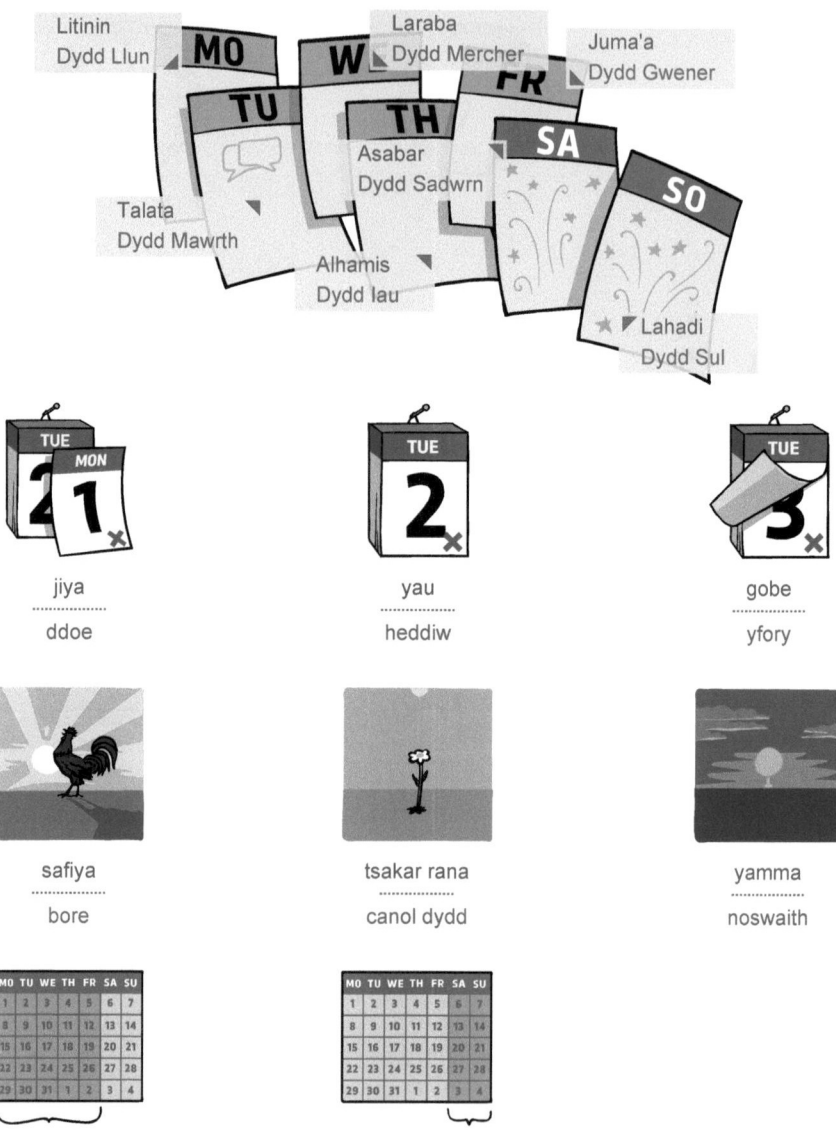

Litinin
Dydd Llun — MO

W — Laraba
Dydd Mercher

Juma'a
Dydd Gwener

TU

TH
Asabar
Dydd Sadwrn

FR

SA

Talata
Dydd Mawrth

Alhamis
Dydd Iau

SO

Lahadi
Dydd Sul

jiya	yau	gobe
ddoe	heddiw	yfory
safiya	tsakar rana	yamma
bore	canol dydd	noswaith
ranakun kasuwanci	karshen mako	
diwrnodiau busnes	penwythnos	

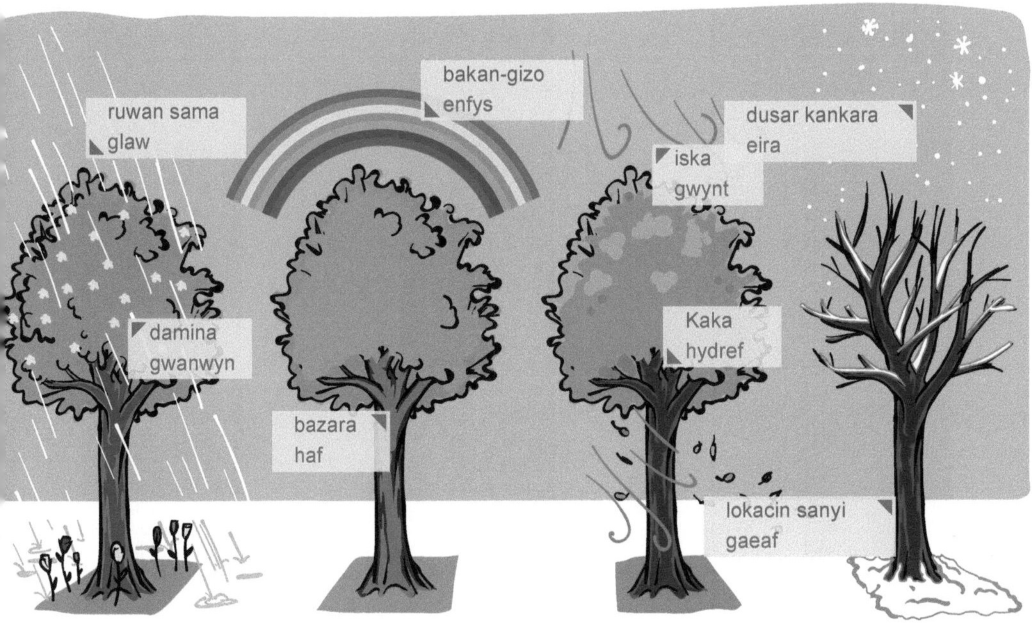

ruwan sama
glaw

bakan-gizo
enfys

dusar kankara
eira

iska
gwynt

damina
gwanwyn

Kaka
hydref

bazara
haf

lokacin sanyi
gaeaf

4.APRIL	11°	☀
5.APRIL	4°	☁
6.APRIL	13°	☔
7.APRIL	8°	❄
8.APRIL	10°	☀

hasashen yanayi

rhagolygon y tywydd

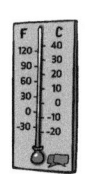

na'urar gwajin zafi da sanyi

thermomedr

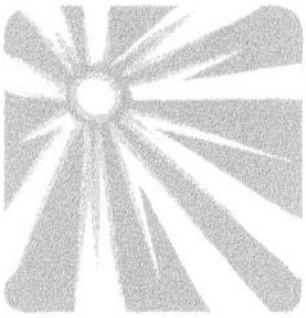

hasken rana

heulwen

gajimare

cwmwl

hazo

niwl tew

dumi

lleithder

walkiya

mellt

aradu

taranau

guguwa

storm

kankarar ruwan sama

cenllysg

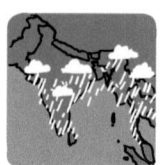

iskar bazara

monsŵn

ambaliyar ruwa

llif

kankara

iâ

Janairu

Ionawr

Fabarairu

Chwefror

Maris

Mawrth

Afirilu

Ebrill

Mayu

Mai

Yuni

Mehefin

Yuli

Gorffennaf

Agusta

Awst

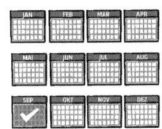

Satumba
Medi

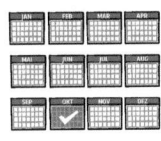

Oktoba
Hydref

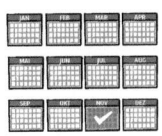

Nuwamba
Tachwedd

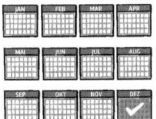

Disamba
Rhagfyr

da'ira
cylch

murabba'i
sgwâr

kusurwa hudu
petryal

kusurwa uku
triongl

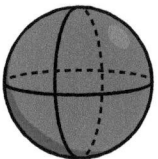

mulmulalle
sffêr

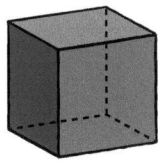

dunkule
ciwb

fari
....
gwyn

rawaya
....
melyn

ruwan lemo
....
oren

ruwan shanshanbali
....
pinc

ja
....
coch

garura
....
porffor

shudi
....
glas

kore
....
gwyrdd

ruwan kasa
....
brown

ruwan toka
....
llwyd

baki
....
du

da yawa / kadan

llawer / ychydig

fushi / nutsuwa

dig / tawel

kyakkyawa / mummuna

hardd / hyll

farko / karshe

dechrau / diwedd

babba / karami

mawr / bach

mai haske / mai duhu

llachar / tywyll

dan uwa / 'yar uwa

brawd / chwaer

mai tsafta / kazami

glân / budr

cikakke / maras cika

gyflawn / anghyflawn

rana / dare

dydd / nos

matacce / mai rai

farw / yn fyw

mai fadi / matsattse

eang / cul

na ci / ba na ci ba

bwytadwy / anfwytadwy

mugu / mai tausayi

drwg / caredig

mai karsashi / gajiyayye

llawn cyffro / diflasu

kakkaura / siriri

tew / tenau

na farko / na karshe

cyntaf / olaf

aboki / makiyi

cyfaill / gelyn

cikakke / holoko

llawn / gwag

mai tauri / mai laushi

caled / meddal

mai nauyi / marar nauyi

trwm / ysgafn

yunwa / kishin ruwa

wedi newynnu / yn sychedig

cuta / lafiya

yn sâl / yn iach

haramtacce / halastacce

anghyfreithlon / cyfreithiol

mai basira / dakiki

deallus / twp

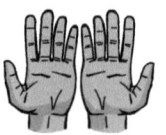

hagu / dama

chwith / dde

kusa / nesa

agos / pell

sabo / na-hannu

newydd / wedi'i ddefnyddio

ba komai / wani abu

dim / rhywbeth

tsoho / yaro

hen / ifanc

kunna / kashe

ymlaen / i ffwrdd

a bude / a rufe

ar agor / ar gau

shiru / kara

tawel / uchel

mai arziki / talaka

cyfoethog / tlawd

daidai / bata

cywir / anghywir

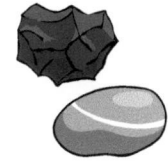

mai kaushi / mai santsi

garw / llyfn

bakin ciki / farin ciki

trist / hapus

gajere / dogo

byr / hir

a sannu / da sauri

araf / cyflym

jikakke / busasshe

gwlyb / sych

dumi / sanyi

cynnes / claear

yaki / zaman lafiya

rhyfel / heddwch

0

sifili

sero

1

daya

un

2

biyu

dau

3

uku

tri

4

hudu

pedwar

5

biyar

pump

6

shida

chwech

7

bakwai

saith

8

takwas

wyth

9

tara

naw

10

goma

deg

11

goma sha daya

un deg un

12

goma sha biyu

un deg dau

13

goma sha uku

un deg tri

14

goma sha hudu

un deg pedwar

15

goma sha biyar

un deg pump

16

goma sha shida

un deg chwech

17

goma sha bakwai

un deg saith

18

goma sha takwas

un deg wyth

19

goma sha tara

un deg naw

20

ashirin

dau ddeg

100

dari

cant

1.000

dubu

mil

1.000.000

miliyan

miliwn

Turanci

Saesneg

Turancin Amurka

Saesneg America

Mandarin na China

Tsieinëeg Mandarin

Hindi

Hindi

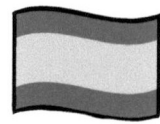

Sifaniyanci

Sbaeneg

Faransanci

Ffrangeg

Larabci

Arabeg

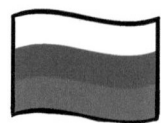

Yaren Rasha

Rwseg

Yaren Portugal

Portiwgaleg

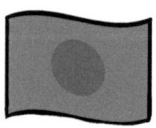

Bengali

Bengali

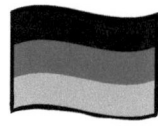

Yaren Jamus

Almaeneg

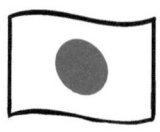

Yaren Japan

Siapanaeg

ni
....
fi

kai
....
ti

shi / ita / ita
....
ef / hi

mu
....
ni

ku
....
chi

su
....
nhw

wa?
....
pwy?

me?
....
beth?

ya ya?
....
sut?

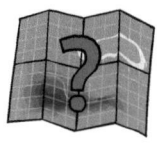

a ina?
....
ble?

yaushe?
....
pryd?

suna
....
enw

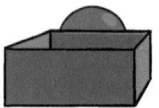

a baya

y tu ôl i

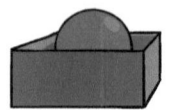

a ciki

yn / yng / ym / mewn

a gaban

o flaen

saman

dros

akai

ar

karkashi

dan

a gefe

wrth ochr

a tsakani

rhwng

wuri

lle